FIGURAS Y PATRONES que conocemos:

Un libro sobre figuras y patrones

Shapes and Patterns We Know: A Book About Shapes and Patterns

Nancy Harris
traducido por Yanitzia Canetti

Rourke
Publishing LLC
Vero Beach, Florida 32964

www.rourkepublishing.com

PHOTO CREDITS: title page © Dan Bayley; page 4 © Suprijone Suharjoto, Paul Maguire; page 5 © Metej Pribelsky, Laurie L Snidow; page 8 © Bill Roboin; page 16 © Jason Feiler; page 18 Florin Tirlea

Editor: Robert Stengard-Olliges

Cover design by Nicola Stratford, bdpublishing.com

Bilingual Editorial Services by Cambridge BrickHouse, Inc.   www.cambridgebh.com

Library of Congress Cataloging-in-Publication Data

Harris, Nancy.
  Figuras y patrones que conocemos: Un libro sobre figuras y patrones
  Shapes and patterns we know / Nancy Harris.
    p. cm. -- (Math focal points)
  Includes index.
  ISBN 978-1-60044-758-7
  1. Geometry in nature--Juvenile literature.
  2. Pattern perception--Juvenile literature. I. Title. II. Series.

Printed in the USA

CG/CG

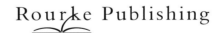

Rourke Publishing

www.rourkepublishing.com – rourke@rourkepublishing.com
Post Office Box 3328, Vero Beach, FL 32964

Contenido
Table of Contents

Figuras / Shapes

Veo figuras en invierno.
Veo figuras en primavera.

I see shapes in the winter.
I see shapes in the spring.

Veo figuras en verano.
Veo figuras en otoño.

I see shapes in the summer.
I see shapes in the fall.

Invierno / Winter

Veo un **círculo** blanco. Es una bola de nieve.

I see a white **circle**. It is a snowball.

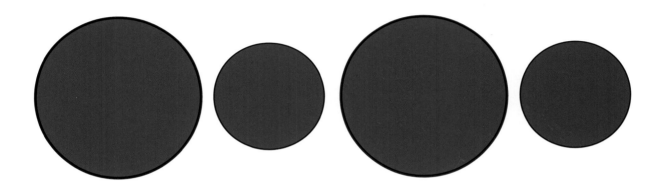

Grande, pequeño, grande, pequeño.

Big, little, big, little.

Veo un **triángulo** rojo. Está sobre el pájaro.

I see a red **triangle**. It is on a bird.

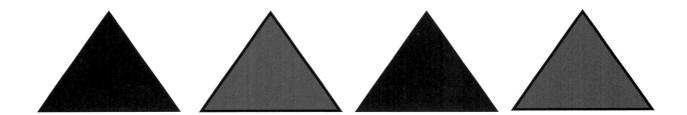

Negro, rojo, negro, rojo.

Black, red, black, red.

Primavera / Spring

Veo un **óvalo** verde. Es un capullo.

I see a green **oval**. It is a bud.

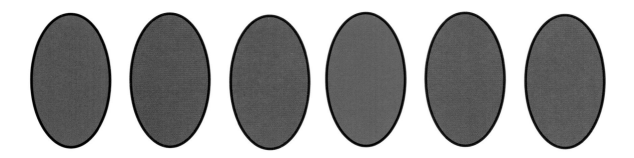

Verde, marrón, marrón, verde, marrón, marrón.

Green, brown, brown, green, brown, brown.

Veo un **rombo** negro. Está en una serpiente.

I see a black **rhombus**. It is on a snake.

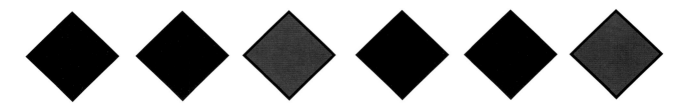

Negro, negro, marrón, negro, negro, marrón.

Black, black, brown, black, black, brown.

13

Verano / Summer

Veo un **trapezoide** anaranjado. Es una roca.

I see an orange **trapezoid**. It is a rock.

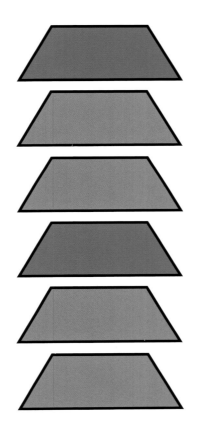

Verde, naranja, naranja, verde, naranja, naranja.

Green, orange, orange, green, orange, orange.

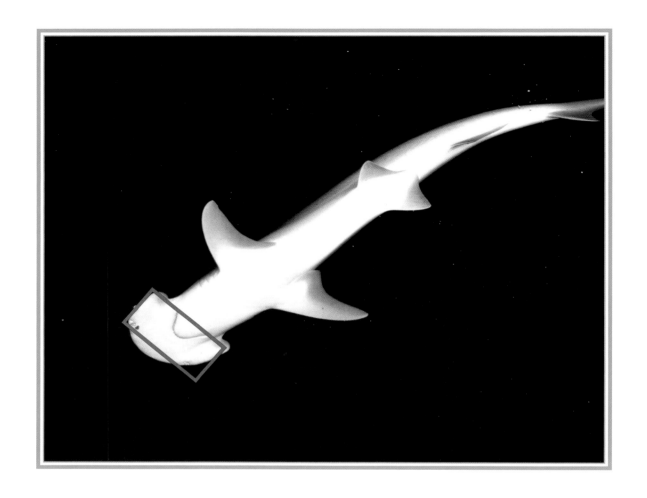

Veo un **rectángulo** blanco. Está en un tiburón.

I see a white **rectangle**. It is on a shark.

16

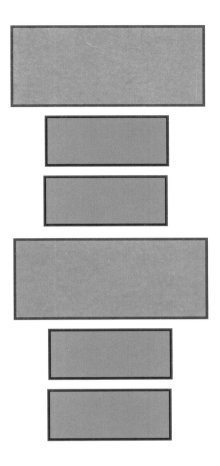

Grande, pequeño, pequeño, grande, pequeño, pequeño.

Big, little, little, big, little, little.

Otoño / Fall

Veo un **hexágono** anaranjado. Está en un panal de abejas.

I see an orange **hexagon**. It is in a bee hive.

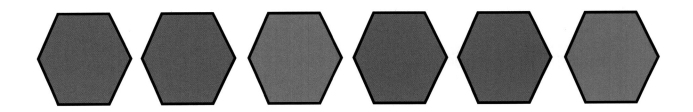

Azul, azul, naranja, azul, azul, naranja.

Blue, blue, orange, blue, blue, orange.

Veo un **cuadrado** marrón. Está en una tortuga.

I see a brown **square**. It is on a turtle.

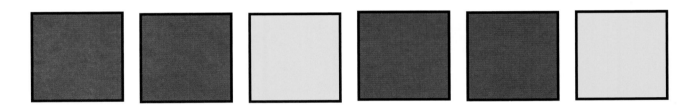

Marrón, marrón, amarillo, marrón, marrón, amarillo.

Brown, brown, yellow, brown, brown, yellow.

Patrones de la naturaleza
Nature's Pattern

Invierno, primavera, verano, otoño.

Winter, spring, summer, fall.

Glosario / Glossary

círculo — una figura redonda
circle (SUR kuhl) — a shape that is round

cuadrado — una figura con cuatro lados iguales
square (SKWAIR) — a shape with four equal sides

hexágono — una figura con seis lados
hexagon (HEK suh gon) — a shape with six sides

óvalo — una figura con forma de huevo
oval (OH vuhl) — a shape that is egg–shaped

rectángulo — una figura con dos lados largos y dos lados
  cortos
rectangle (REK tang guhl) — a shape with two long sides and
  two short sides

rombo — una figura con cuatro lados iguales
rhombus (ROM buhss) — a shape with four equal sides

trapezoide — una figura con cuatro lados. Sólo dos son
  paralelos
trapezoid (TRAP uh zoid) — a shape with four sides. Only two
  are parallel

triángulo — una figura con tres lados
triangle (TRYE ang guhl) — a shape with three sides

Índice / Index

Lecturas adicionales / Further Reading

Martin, Elena. *So Many Circles*. Yellow Umbrella Books, 2006.

Nations, Susan. *I Know Shapes*. Weekly Reader Early Learning Library, 2007.

Ring, Susan. *I See Patterns*. Yellow Umbrella Books, 2006.

Sitios Web recomendados / Recommended Websites

www.kidport.com

www.learning planet.com

www.lil-fingers.com/shapes

Sobre la autora / About the Author

Nancy Harris es asesora de educación, con veinte años de experiencia en el salón de clases. Ella disfruta escribiendo libros de no ficción y enseñando a niños y adultos estrategias de lectura. Actualmente vive en Lafayette, Colorado.

Nancy Harris is an educational consultant with twenty years teaching experience. She enjoys writing nonfiction books and teaching students and educators nonfiction reading strategies. She currently lives in Lafayette, Colorado.